KB267683

도서출판 선영사

Sun Young Publishing Co.

Sun Young Publishing Co.

셸리

서풍의 노래

님께
____

따뜻한 마음을
이 한 권의 시집에 담아
전해 드립니다.
　　　년　　월　　일

　　　　　　드림
____

차례 — 하나

제1부 · 서풍의 노래

시인의 꿈 · 9

서풍의 노래 · 10

초감각적인 미에 대한 찬가 · 16

구름 · 22

짝 잃은 새 · 27

워즈워스에게 · 28

시드머스와 캐슬리에게 · 30

함수초 · 32

무상 · 34

자유 · 36

아레투사 · 38

소네트: 정치적 위대성 · 43

판의 노래 · 44

빛 바랜 향제비꽃에 대해 · 47

권유 · 48

하늘에 대한 송가 · 50

차례들

단편 : 고통 속에 오가는 상념들 · 54

단편 : 감옥에서 풀려난 친구에게 · 55

등불이 부서지면 · 56

나폴리 근처에서 낙심 속에 쓴 시련 · 58

달에게 · 61

오지먼디어스 · 62

탄식 · 63

밤에게 · 64

내일 · 67

종달새에게 · 68

소네트 "채색된 장막은 걷어내지 말라" · 76

음악은 부드러운 음성이 사라져도 · 77

세상의 방랑자들 · 78

시간 · 79

단편 : 바이런에게 · 80

제2부 · 오늘 미소짓는 꽃은

차례 ─ 셋

님께 ─ 한 단어가 너무 남용되어서 · 83

인도 아가씨의 노래 · 84

─에게 : 정열의 황홀감이 지난 뒤 · 86

사랑의 원리 · 88

노래 : 좀처럼 좀처럼 오지 않는 그대 · 90

제인에게 : 초대 · 94

제인에게 : 회상 · 98

기타와 함께 : 제인에게 · 104

제인에게 : "총명한 별들이 반짝여요" · 109

메리 셸리에게 · 111

오늘 미소짓는 꽃은 · 112

─에게 : 난 그대 입맞춤이 두렵소, 상냥한 처녀여 · 114

셸리의 이해 · 115

연보 · 116

제 1 부

서풍의 노래

시인의 꿈

나는 어느 시인의 입술에서 잠을 잤도다.
그의 호흡소리에 맞추어 꿈을 꾸면서,
사랑에 도통한 사람이 그러하듯이.
그는 사랑의 행복을 구하지도 얻지도 않네.
다만 상념의 황야를 드나드는 형상들의
영묘한 키스를 즐기며 살 뿐.
이른 아침부터 황혼까지 그가 항상 보는 것은
호수에 반사된 해가 담쟁이꽃 속의
노란 별들을 비치는 것.
그것들이 무엇 무엇이라는 것은
살피지도 보지도 않고 ―
그러나 이들로부터 그가 분명히 창조해낼 수 있는 것은
산 사람보다 더욱 진실한 모습들
영원한 것의 아들들 !

서풍의 노래

1

오, 거센 서풍이여, 그대 가을의 숨결이여,
눈에 보이지 않는 그대로부터 죽은 잎사귀들은
쫓기네, 마치 마법사에 쫓기는 유령인 양.

누렇고, 검고, 창백하며, 열병에 걸린 듯 붉은
질병에 걸린 무리를, 오 그대는
어두운 겨울의 침상으로 마구 몰아가네.

날개 달린 씨앗들을, 그것들은 무덤의 시체처럼
지하에서 싸늘히 누워 있네, 이윽고
봄의 파릇한 누이가 꿈꾸는 듯한 대지 위에

나팔을 불 때까지, 그리고 약동하는 색조와 향기로
산야를 충원할 때까지 (양떼처럼 대기 속에서
풀을 뜯도록 향기로운 꽃봉오리를 몰아내며)

거센 정령, 그대는 사방으로 활약하며
파괴자인 동시에 보존자,* 들어다오 내 말! 오 들어다오!

* 힌두 신화 : 파괴의 신 시바, 보존의 신 비슈누, 창조의 신 브라마

2

만일 그대가 하늘의 요동 속으로 흘러갈 때면
대지의 시들어 가는 잎사귀들과 같이 하늘과 태양의
엉클어진 가지에서 헐거운 구름 파편들이 흩어지누나.

비와 번개의 전령들 : 그대 공기의 푸른 물결 표면을 타고
어느 매력한 미네드*의 머리를 타고
솟아오를 빛나는 머리칼처럼

아득한 지평선 끝으로부터
높은 하늘의 꼭대기까지
다가오는 폭풍우의 머리칼이 흩어져 있네, 그대

지는 해의 만가여, 그대에게 저무는 이 밤 하늘도
그대 모든 수증기를 뭉친 힘으로 이룩한
대형 분묘의 돔이 되리라.

그 응결된 대기권으로부터
검은 비, 번개, 우박이 분출하리라. 오, 내 말 들어다오!

* Maenad : 주신 박카스의 시녀로 〈미친 여자〉의 뜻. 주신의 영향으로
　　　 나체로 미친 듯 춤을 춤.　어느 미네드는 여럿 중의 하나를 지칭.

3

그대는 그의 여름의 끝으로부터
수정처럼 맑은 시냇물의 재잘거리는 소리에 잠이 들었던
새파란 지중해를 잠깨웠구나.

베이아* 만의 가벼운 둘섬 가에서 잠들어
꿈속에서 고궁들과 누각들이*
너무 아름다워 상상만 해도 실신해 버리는,

파란 이끼와 꽃들로 뒤덮여서, 파도 속에서 더욱
강렬히 반짝이는 햇빛에 떨고 있음을 보고 있는 지중해를!
너의 갈 길을 위해 대서양의 공평한 세력들은

스스로 간격을 만들고, 바다 깊은 곳에서는
대양의 수액 없는 잎의 끈끈한 해초들과
바다꽃들이 그대 음성을 알아채고

돌연 겁에 질려 사색이 되어
온몸을 떨며 낙엽을 떨구네, 오 내 말 들어다오!

* 나폴리 만의 서단에 있는 지명.
* 로마 귀족들이 살던 폐허의 별장. 타락한 힘의 상징.

4

만일 내가 그대로 하여 날리는 한 낙엽이라면,
만일 그대와 함께 날아가는 한 점 날쌘 구름이라면,
그대의 힘 아래 헐떡이며, 그대만큼

자유분방하지는 못해도 그대 힘의 충동을 나누는 파도라면,
오, 통제 못할 존재여, 만일 그대가 하늘을 나는 속도를
앞선다는 것이 거의 환상만은 아니었던

옛날의 소년시절로 돌아가서
하늘을 방랑하는 그대의 동반자만 된다면,
나는 이 심한 괴로움 속에서

그대와 겨루지 않았을 것을
오, 나를 올려다오. 한 파도처럼, 잎새처럼, 구름처럼!
나는 인생의 가시밭 위에 쓰러져 피를 흘리노라!*

세월의 중압에 얽매어 굴복당했도다.
세차고 민첩하며 강한 자존심이, 그대와 닮은 꼴인 나는.

*한 때 민첩했으나 때의 중압으로 느끼는 패배감.

5

나를 그대의 비파가 되게 하라, 저 숲처럼.
내 잎새들이 저 숲의 잎새처럼 떨어지면 어떠랴!
그대의 힘차고 소란한 음악이

숲과 나에게서 슬프지만 감미로운
깊은 가을의 가락을 얻으리라! 그대 사나운 정령이여,
나의 정신이 되어라! 그대 격렬한 존재여, 내가 되어 다오!

새로운 생명을 재촉하는 시든 낙엽들처럼
내 죽은 사상들을* 온 누리에 휘몰아 가라:
그리고 이 시의 주문(呪文)으로

불씨 남은 화로에서 재와 불꽃을 파헤치듯,
내 입술을 통해 아직 깨어나지 않은 세상의
온 인류에게 내 말을 흩뿌려 다오!

예언의 나팔이 되어라! 오 서풍이여,
겨울이 오면 어이 봄이 멀겠는가?

* 예전에 썼으나 성공하지 못한 시들.

겨울이 오면 봄이 어이 멀겠는가?

※ 이 시는 "겨울이 가면 봄이 어이 멀겠는가?" 라는 마지막 구절로
우리에게 널리 애송되고 있다. 셸리의 대표작인 이 시에서 자신의
자유주의 사상을 온 인류에게 전파할 것을 부탁하고 있다. 그 사상은
원래 인간은 자유로운 존재이며 곧 <인간 해방>의 외침으로, 인류의 봄,
즉, 장래에 자유가 도래함을 말함. 평이한 문체의 이 시는 구체적 설명이
필요치는 않으나, 개관하면 1장 땅에 부는 서풍, 2장 하늘에 부는 서풍,
3장 바다에 부는 서풍, 4장 자신의 말을 들어 달라는 까닭, 5장에서선
시인의 소원을 격려하고 아름다운 말로 노래함.

초감각적인 미에 대한 찬가

1

어떤 보이지 않는 무서운 힘의 환영이
　　우리 사이를 보이지 않게 떠다닌다 — 꽃에서 꽃으로
　　스치는 여름 바람처럼 무상한 날개를 가지고
이 덧없는 세상을 이리저리 찾아 다니며
소나무 무성한 어떤 산에서 솟아나 빛을 뿜는 달빛처럼,
　　그것은 변덕스러운 광휘로
　　모든 인간의 마음과 얼굴을 찾아온다.
마치 저녁의 광채와 음향의 조화처럼,
　　마치 널리 퍼진 별빛 속의 구름인 양,
　　마치 지난날의 음악에 대한 향수처럼,
　　마치 우아하기에 사랑스럽고
소중한, 더욱 신비한*그 어떤 것처럼.

2

미(BEAUTY)의 정령이여, 그대가 밝히는
　　인간의 사상이나 형상을 네 자신의 색깔로
　　거룩하게 만들더니 — 그대 지금 어디로 가버렸는가?

* 플라톤의 이데아와 같은 초감각적인 실재, 그 본질을 미로 봄.

그대는 어찌하여 사라져, 이 세상
이 어둡고 공허한 눈물의 계곡을 황량하게 만드는가?
　　어찌하여 태양빛이 저 산 계곡의 강물 위에
　　영원한 무지개를 엮어내지 않으며,
어찌하여 한 때 보였던 것이 소멸하여 시들었는지,
　　어찌하여 광명천지에
　　공포와 꿈, 생과 죽음이 음영을 드리우는지,
　　어찌하여 인간은
　　사랑과 미움, 실망과 희망을 동시에 가졌는지
　　── 물어 보아라.

3

이 세상보다 숭고한 여타 세계의 어떤 목소리도*
　　일찍이 현인이나 시인에게 답을 준 일이 없네 ─
　　따라서 영령, 유령, 천당이라는 이름들이
　　그들의 헛된 수고의 기록에 잔재할 따름.
연약한 주문들이여 ─ 그들이 발설한 마력은
　　우리가 보고 듣는 만상으로부터

* 시인이 무신론자임을 보여줌.

의심과 우연, 무상함을 떨치지 못하리.
오직 그대의 빛만이 ― 산 위에 퍼져 있는 안개와도 같이
　또는 어떤 고요한 악기의 현을 따라
　밤바람에 전해지는 음악처럼,
　또는 깊은 밤의 시냇물 위를 비추는 달빛처럼,
인생의 설레이는 꿈에게 은총과 진실을 주리라.

4
사랑, 소망, 자존은* 덧없는 구름처럼
　오락가락하며 불안정하게 잠시 주어질 뿐
　비록 그대 알려지지 않고 두려운 존재이나
그대가 빛나는 추종자와 함께 인간 마음에 위안을 심어 주면
　인간은 영원하며 전능하리라.
　　연인의 눈 속에서 찾다가 작아지며
　　연인의 마음을 전하는 그대여 ―
그대는 죽어가는 불빛이 어둠을 먹고 밝아지듯!
　　인간의 사고에 영양이 되는 자여,
　　그대의 환영이 있으니 떠나지 마오.
무덤이 인생과 공포처럼 암울한 현실이 되지 않도록.

*바울의 삼대 덕목 믿음, 소망, 사랑에서 믿음을 자존으로 대처

5

내가 아직 소년이었을 때 유령을 찾아 수없이
    적막한 묘지, 동굴, 폐허와 별빛 찬란한 숲을 지나
    세상 떠난 고인들과 격조높은 대화를 나누고자
두려운 발걸음으로 찾아 다녔네.
나는 우리 젊은 시절 양식이 되었던 사악한 이름들을 외쳐 불렀네.
    그들은 묵묵부답 — 보이지도 않았네.
    새들과 꽃들의 새로운 뉴스를 전하려고
온갖 생명 있는 것들을 동면에서 깨워
    상쾌한 바람이 부는 감미로운 계절에
    깊은 명상에 잠겨 인생의 운명을 사고할 즈음
    돌연 나는 그대의 환영을 보았네.
나는 도취되어 소리치며 두 손을 맞잡았네.

6

나는 그대와 시종들에게 전력을 다해 헌신할 것을
    맹세했지 — 그 맹세 지키지 않은 적 있는가?
    지금도 나는 뛰는 가슴을 안고 눈물 흘리며
제각기 침묵하는 무덤으로부터 천고의 유령들을

불러내고 있으니, 그들은 환상의 은신처로부터 나와 함께
　　열성적인 학문이나 사랑의 기쁨으로
　　기쁨을 시기하는 긴긴 밤을 지새운 적도 있네.
망령들은 알고 있도다. 어둠의 굴레로부터 그대가
　　이 세상을 해방시키리라는 희망 외에는
　　결코 기쁨이 내 낮을 밝히지 못했음을
아, 두려운 사랑의 화신이여 ― 그대가 어떤 것이라도
　　내 언어로 표출할 수 없는 모든 것을 주리라는
　　희망 외에는.

　　　7
정오가 지나자, 낮은 보다 엄숙해지고
　　고요해지네 ― 가을에는
　　음향의 조화가 있고 또한 하늘에는 광채가 있으니
마치 이 음향과 광채는 전무후무한 존재인 듯
온 여름을 듣지도 보지도 못했어라!
　　그러니 미진한 내 젊은 시절의 자연의 진리처럼
　　내게 왕림했던 그대의 권능으로
장래의 내 인생에 평화를 다오 ― 그대를 숭배하고

그대를 포옹하는 모든 형태를 숭배하는 이에게.
아름다운 정령이여, 그대 마술에 묶여
스스로를 두려워하고* 모든 인류를 사랑하게 된 이에게
공급해 주오.

* 두려움에서 외경심.

구름

나는 바다와 시냇물에서
    목마른 꽃들에게 상쾌한 소나기를 가져오고,
잎새들이 한낮의 꿈에 취해 있을 때 나는
    엷은 그림자를 만들어 주네.
새싹들의 어머니인 대지가 태양 주위를 돌 때
    대지의 품에서 포근히 잠든 새싹들에게
내 날개를 흔들어 이슬을 내리게 하니
    그 귀여운 새싹들은 저마다 잠에서 깨어나네.
나는 또 내리치는 우박으로 도리깨질하여
    밭 아래 초원을 하얗게 만드네.
그 후 우박을 빗물로 녹이고는
    호탕하게 웃으며 천둥치고 지나네.

내가 눈을 채질하여 밭 아래 산 위에다 흩날리면
    낙락장송들은 기겁하여 신음하고
내가 질풍의 팔에 안겨 잠자는 동안
    눈은 나의 하얀 베개가 되고.
내 하늘의 집인 탑 위에 오만스레
    내 길잡이 번개가 앉아 있네.
저 아래 동굴 속엔 천둥이 족쇄에 묶여

구름

발작적으로 버둥대며 소리쳐 울부짖네·
자줏빛의 깊은 바다 속에서 활동하는
　　온갖 수호신의* 사랑에 견인되어
땅으로 바다로 상냥하게 움직이며
　　번개를 나를 안내하네·
시냇물과 돌산, 그리고 언덕 위로,
　　호수와 평원 위로,
번개가 꿈꾸는 어디에나, 산이건 시냇물이건
　　그가 사랑하는 정령은 존재한다네·
번개는 빗속에서 스러지지만
　　나는 푸른 창공에서 몸을 녹이고 있네.

볕겋게 솟은 태양은, 유성처럼 빛나는 눈을 하고
　　불타는 빛깔의 나래를 펼치고
새벽의 볕빛이 사그러들 적에
　　흐르는 내 조각구름 잔등 위에 오르네·
마치 지진이 이리저리 흔드는
　　가파른 돌산의 한 모서리 위에
황금빛 날개 번쩍이며
　　잠깐씩 깃을 접는 독수리처럼.

구름

저 아래 눈부신 바다로부터 지는 태양이
    휴식과 사랑의 열정을 속삭이고 있을 때,
저 높고 광활한 하늘의 중심에서
    저녁의 진홍색 장막이 드리워질 무렵,
나는 하늘의 둥지에서 날개를 접고
    알을 품은 비둘기처럼 조용히 쉰다.

사람들이 달이라 부르는
    하얀 불빛 지닌 저 둥그란 얼굴의 아가씨는
살랑이는 한밤의 미풍으로 뿌려진
    양털 같은 마룻바닥 위로 반짝이며 미끄러지네.
오직 천사들만이 들을 수 있는
    달의 보이지 않는 발걸음 소리가
내 얇은 지붕의 천막을 찢어낸 곳에서
    별들은 달 뒤에서 몰래 기웃거리네.
마침내 고요한 강, 호수, 바다들이 저마다
    공중에서 나를 뚫고 떨어진 하늘의 파편처럼
달과 별들로 촘촘히 수놓아질 때까지
    나는 바람이 만들어준 내 천막의 틈을 벌리면서
별들이 황금빛 벌의 무리처럼 빙빙 돌며 달아나고

구름

나는 그 꼴이 우스워 껄껄 웃네.

나는 태양의 왕좌를 불타는 띠로 묶고
  달의 옥좌를 진주띠로 동여매네.
회오리바람이 내 깃발을 나부끼면
  화산은 희미해지고 별들은 흔들려 비틀거리네.
격랑의 바다 위에 세워진 다리 모양으로
  나는 이 곳에서 저 곳으로
태양도 통하지 않게 지붕처럼 걸려 있네,
  산들을 그 기둥으로 삼고서.
대기의 세력들을 내 의자에 사슬로 묶어 두고
  태풍과 번개와 눈과 함께
내가 진군할 때 지나는 개선문은
  수많은 채색을 한 활이며
하늘에서 둥그런 불덩이가* 그 부드러운 색깔을 짜내고
  아래서는 눈물 젖은 대지가 웃고 있었네.

나는 흙과 물의 딸이며
  하늘의 손에서 자란 귀염둥이
나는 대양과 해변의 기공을 들락거리며
* 태양

구름

변하긴 하지만 죽지는 않네.
그것은 비가 온 뒤 한 점 티없이
　천지가 개이면,
그리고 바람과 볼록면의 빛을 내는 태양이
　푸른 대기의 돔을 만들 때,
나는 처연히 나 자신의 기념비를 보며 웃다가
　비의 동굴에서 일어나
엄마의 자궁에서 나온 애기나, 무덤에서 나온 유령처럼
　다시 나와 그 기념비를 격파하기 때문이라네.

짝 잃은 새

한겨울 앙상한 나뭇가지 위에
짝 잃은 새 한 마리 짝을 그리네.
허공에는 찬바람이 불고
아래로는 차가운 시냇물이 흐르네.

헐벗은 숲에 잎이나 남았으며
꽁꽁 언 땅 위에 꽃이나 남았으랴.
적막한 허공 중엔 고요만이 감돌고
물레방아 도는 소리만 들려올 뿐.

※ 셸리는 대상에 자신의 감정을 대입시켜 그 본질을 예리하게 추상해 냄.

워즈워스에게

자연의 시인이시여,
당신은 결코 되돌아올 수 없는 것들이
떠난다는 사실을 알고 슬퍼하셨지요.
어린시절과 청년시절,
우정과 사랑의 첫번째 불꽃은
감미로운 꿈처럼 사라졌고, 당신은
슬픔에 잠겨 있지요.
그렇게 흔한 고통은 나도 느낍니다.
또 다른 하나의 고통은
당신도 역시 느끼시겠지만
아직 나 홀로 한탄하고 있습니다.
당신은 외로운 별과 같았소,
그 빛은 깊은 겨울밤의 포효 속에서
어떤 가냘픈 배 위를 비추었지요.
당신은 바위로 지어진 피난처를 고집하였습니다.
눈멀고 아귀다툼하는 민중들과
멀리 떨어진 저 높이에 말입니다.
명예로운 가난 속에서 당신의 음성은
진리와 자유를 봉헌하는 노래들을 지어내셨습니다.
그러나 이제 당신은 이런 노래들을 저버렸기에

나는 비탄 속에서 한탄합니다.
당신이 이 노래들을 저버리지 않아야 한다는 것을.

시드머스와 캐슬리에게

전래의 오크나무에서
　　두 마리 우매한 까마귀가 찢어지는 소리로
까아악까아악하며 그들의 클라리온을 켜대듯이.
대낮에 싱싱한 인간의 고기가 타는 냄새를
　　　　그들이 맡을 때 —

두 마리의 캑캑거리며 짖어대는 밤새가
　　그들 죽음의 주목(株木) 둥지에서
야음을 틈타 밤을 더 무섭게 만들며 날 듯이.
달이 변덕을 부리고
　　　　　별들이 거의 보이지 않을 때 —

상어와 통발상어가
　　대서양의 작은 섬 아래에서
흑인 노예선을 기다리며
그 배의 화물을 놓고 논쟁을 벌이며
　　　　붉은 아가미를 널름거리듯이 —

그대 둘은, 싸움에 굶주린 두 마리 독수리.
　　젖은 돌 아래 숨은 두 마리 전갈.

시드머스와 캐슬리에게

피에 굶주려 으르렁거리는 두 마리 냉혹한 늑대.
역병 걸린 가축 위에 틀어 앉은 두 마리 까마귀.
서로 하나로 꼬인 두 마리 독사들이어라.

함수초

함수초, 혹은 그 외면적인 형체가
파멸을 알기 전엔 요정처럼
그 가지들 속에 앉아 있었던 그 혼령이
이 변화를 느꼈을지 나는 말할 수 없다.

생전에는 별들이 빛을 뿌려대듯
사랑을 뿌렸던 마음씨 고운 그 여인의
형체와 합쳐 있지 않게 된 그녀의 정신이
기쁨에서 떠난 후 슬픔을 발견했을런지

나는 생각치 않으리라. 단지 이 인생,
존재하는 것 없고 오직 만물은 가상,
우리는 한갖 꿈의 그림자일 뿐인,
오진과 무지와 투쟁의 이 인생에서

다른 것들처럼 죽음도 분명
환상이라고 말한다면, 그것은
온건한, 그러나 곰곰히 생각하면
또한 즐겁기도 한 믿음이다.

함수초

저 아름다웠던 정원, 저 아름다웠던 여인,
그리고 그곳의 아름다웠던 모든 형상과 향기는
정말은 결코 가버린 것이 아니라
다만 변한 것은 우리와 우리의 것, 그들은 아니니

사랑과 아름다움과 기쁨에
죽음이나 변함이 없고 다만
그것들의 힘 우리 지각을 초월하며
우리의 지각 어두워 빛을 감당치 못할 뿐이다.

* 같은 제목의 결론 부분을 발췌한 시.

무상

우리는 심야의 달을 감싸는 구름들이어라.
　구름들은 얼마나 불안히 움직이며, 번득이고, 떨리는가.
어둠을 휘황스레 가르며 — 하지만 곧
　밤은 지나고 구름은 영원히 사라지리.

우리는 또 망각의 칠현금이라. 그 불협화음의 현들은
　돌풍이 변할 적마다 온갖 반응을 보내며
그 여린 몸매에 어떤 두 번째 동작도
　지난번과 같은 동일한 마음, 동일한 음조를 보내지 않으리.

우리는 휴식하네 — 하나의 꿈은
　잠에 독을 뿌리는 힘이 있네.
우리는 일어나네 — 하나의 방황하는 생각은
　하루를 오염시키네.

우리는 느끼고 생각하거나 이치를 따지고,
　웃거나 울고,
분별없는 고통을 얼싸안거나,
　우리들의 근심을 털어 버리네.

무상

이 모든 것은 모두 같으리 ― 그것이 기쁨이건 슬픔이건
그것을 떨쳐 버리는 것은 아직 여려 있으리니.
인간의 어제는 결코 내일과 같을 순 없을 것이고
오직 무상만이 영원히 남으리라.

자유

1

불을 뿜는 산들이 제각기 응답을 하네;
　그들의 천둥은 이 편에서 저 편으로 메아리치고
폭풍우 치는 대양들은 서로를 깨우고
　그리고 얼음바위들은 겨울의 옥좌 주위에서 흔들리네.
　태풍의 나팔소리가 울려퍼지는데.

2

한 점 구름이 섬광을 내는 번개로부터
　천 개의 작은 섬들이 빛을 받아 주위에서 빛나네.
지진이 한 도시를 짓이겨 잿더미로 만들고
　백 명의 사람들이 공포에 떨고 뒤뚱거리네.
　울부짖는 소리는 지하에서 울려퍼지는데.

3

그러나 그대의 응시는 번개의 섬광보다 예리하고
　그대 발길은 지진의 무거운 발걸음보다 빠르네.
그대는 대양의 노도에 귀먹게 하고, 그대의 응시는
　활화산들에 눈멀게 하고, 태양의 밝은 등불은
　그대에게 희미한 도깨비불에 불과하네.

4

파도와 산과 증발기로부터
　태양빛이 증기와 돌풍을 뚫고 화살처럼 돌진하네.
정령에서 정령으로, 나라에서 나라로
　도시에서 마을로 그대는 새벽을 열어 주네 ―
그리고 폭군들과 노예들은 밤의 그림자처럼
　아침 빛의 날개 속에 갇혔네.

아레투사

1

아레투사는 일어났다.
아크로세라우니안 산 속에
눈 쌓인 그녀의 침상으로부터 ——
모서리가 많은 낭떠러지로부터
구름으로부터.
그녀의 빛나는 샘물을 돌보면서 ——
그녀는 무지개빛 머리 타래를
시냇물 사이로 쏟어 내리게 하며
바위에서 뛰어내렸다
    그녀의 발길은 서편의 빛을 찾아
    기울어져 있는 계곡을
황기로 덮어 버렸다.
    미끄러지고, 튀어오르며
    그녀는 갔다. 항상 노래하며
잠처럼 부드러운 속삭임 속에
    대지도 그녀를 사랑하는 것처럼 보였다.
    하늘도 위에서 그녀에게 미소지었다.
그녀가 바다를 향해 머뭇거릴 때.

2

그때 대담한 알페우스는
그의 차가운 빙하 위에서
삼지창으로 산들을 후리쳤다.
그리고는 바위들 속에
커다란 틈새를 만드니 — 경련을 일으키며
에리만투스 산*들이 모두 와들와들 떨었다.
그리고 고요한 눈송이를 담은 단지 뒤에서
성난 검은 남풍 보따리를
그 산은 헤쳐놓았다.
그리고 지진과 천둥은
산 아래 샘물의 모래톱을
산산조각 부셨다.
굽이치는 격류 사이로
강의 신인 알페우스의
턱수염과 머리칼이 보였다.
그는 빛과도 같이 날쌔게 달아나는 님프를
도리안의 바다 연안까지
쫓아가고 있었다.

* 아케디아에 있음.

3

" 오, 살려 주세요 ! 오, 나를 안내해 주세요 !
  그리고 깊은 바다 속에 나를 숨겨 주어요 !
알페우스가 지금 내 머리칼을 잡으려 해요 ! "
  음성 큰 대양이 애원을 듣고
  겸푸른 심해까지 떨게 하고는
바다를 두 쪽으로 갈랐다.
  그리고 바다 밑에서
  대지의 하얀 딸인 님프는
빛나는 광선과도 같이 도망쳤다.
  그녀의 뒤로는 짭짤한 도리안 냇물과
  섞이지 않은 그녀의
소용돌이 파도가 밀려왔다.
  에메랄드빛 바다 위에 남긴
  하나의 검은 자욱과도 같이
알페우스는 뒤에서 돌진해 왔다,
  구름바람의 흐름을 타고 아래로
  한 마리 비둘기를 나꿔채고자
달려오는 독수리처럼.

4

바다의 신들이
　　진주를 장식한 옥좌에
앉아 있는 처소의 아래로,
　　하찮은 돌무덤 위로
　　굽이치는 파도와 같이
산호 숲을 통해서,
　　냇물 사이로
　　채색된 빛의 그물을 짜고 있는
어스름한 광선을 통해서,
　　검은 파도가
　　숲 속의 밤처럼 초록이 되는
동굴 아래로
　　상어보다 더 빨리
　　검은 황새치들을 앞질러
산에 생긴
　　갈라진 틈을 통해
　　위로 올라
그 둘은 도리안의 고향집에 다다랐다.

그리고 이제 에나의 산 속에 있는
그들의 생물로부터 나와
아침이 햇살을 머금은 한 계곡 안으로 내려오며
한때 헤어졌으나
딴 마음 없이 지내는 친구들처럼 지금
그들은 물이 하는 일을 열심히 한다.
해가 뜰 때 그들은
완만한 비탈길의 동굴 속에서
가파른 요람으로부터 벌떡 일어난다.
정오가 되면 그들은
아래의 숲을 통해
아스포델의 풀밭을 지나 흐른다.
그리고 밤이 되면 그들은
오르티지안의 해안 아래의
흔들리는 바닷 속에서 잠이 든다.
푸른 하늘에
누워 있는 정령들과도 같이
그 둘은 사랑하나 이제는 더이상 살아 있지 않을 때에.

소네트 : 정치적 위대성

행복도, 위엄도, 명성도,
평화도, 세력도, 군대와 예술의 기술도
독재가 길들이는 민중들을 보호하지 못하네.
시(詩)는 민중의 가슴에서 치는 하나의 고동을 울리지 못하고
역사는 단지 그들 수치의 그림자일 뿐.
예술은 그녀 거울에 베일을, 혹은 허식에서 출발하네.
맹목적인 수백만 민중이 그 자신들을 닮은
불결한 심상들로 하늘을 더럽히며 서둘러 망각으로
사라지듯이, 힘과 관습에 의해 속박된
민중의 수는 얼마일까? 인간이기를 바라는 이는
자신의 제국을 다스려야 하네, 그곳에서
최고 통치자가 되어 의지를 정복하고 그 위에
옥좌를 세우고, 희망과 두려움의
무질서를 잠재우고, 그 자신의 힘으로 존재해야 한다네.

* 이 시의 다른 제목은 〈베네벤토 공화국에게〉이다.

판의 노래

1

숲들과 고지로부터
　　우리는 온다, 우리는 온다.
강으로 띠른 두른 섬들로부터,
　　나의 달콤한 피리 소리를 듣고
　　　소리 높은 파도들도 고요해지는 섬들로부터.
갈대와 골풀 사이로 스치는 바람,
　　백리향의 열린 입에서 노는 벌들,
도금양의 관목 숲에서 보금자리 편 새들,
　　라임나무 꼭대기에 붙어 있는 매미들,
그리고 풀숲 아래 도마뱀들,
　　늙은 토모루스 산맥이 늘상 그렇듯이 조용하다.
　　　나의 달콤한 피리 소리를 들으며.

2

수려한 페네우스가 흐르고 있었다.
　　그리고 아주 어두운 템피의 계곡이 누워 있었다.
죽어가는 낮의 빛을
　　능가하는, 올림포스 산의 그늘 속에,

　　　　나의 달콤한 피리 소리에 속도를 내며
시레닉, 실번, 그리고 폰즈,
　　그리고 숲과 파도의 님프들이
습기찬 강가의 잔디밭 가로
　　이슬진 동굴의 가장자리로 나아와
그리고 그때 시중들고 동행하던 모든 이들과 함께
아폴로, 그대가 지금 그러하듯이 사랑으로. 조용하다.
　　나의 달콤한 피리 소리를 시기하면서.

　　　3
나는 춤추는 별들을 노래했다.
　　나는 교묘히 지어진 대지를 노래했다.
그리고 하늘들을 ― 거대한 전쟁들을.
　　그리고 사랑과 죽음, 그리고 탄생을 ―
　　　그런 다음 나는 피리의 가락을 바꾸었다 ―
내가 어떻게 매날루스 계곡을 따라
　　한 처녀를 따라갔고, 갈대를 포옹하게 됐는가를 노래했다.
산이건 인간이건, 우린 다 이렇게 속임을 당한다 !
　　그것은 우리 가슴에 들어와 부서지고 우린 피를 흘린다.

시기나 세월이 그대들 피를 엉어붙게 하지 않았다면
그대들도 그랬으리라 생각되지만, 모두들 눈물을 흘렸다.
나의 달콤한 피리 소리의 슬픔을 들으면서.

빛 바랜 향제비꽃에 대해

1

당신의 입맞춤과 같이 내게 숨결 내어 쉬던
　　바이올렛의 향기는 사라지고
당신의 오직 당신에게서만 발산하던
　　바이올렛의 향기는 흐르듯 지나가 버리네!

2

그건 시들어 버리고, 생기 사라진, 옅빠진 꼴이 되어
　　나의 버림받은 가슴 위에 누워
아직도 따뜻한 내 마음을
　　싸늘하고 조용한 죽음으로 조롱하네.

3

나는 우네 ― 내 눈물은 그 꽃을 살려낼 수 없으리!
　　나는 한숨짓네 ― 그 꽃은 더 이상 내게 숨결을 내쉬지
않으리.
　　바이올렛의 불평 없고 침묵하게 된 운명은
　　　　내 처지를 반영해 주네.

권유

카멜레온은 빛과 공기를 먹고 산다.
　　시인의 밥은 사랑과 명예 :
만일 격정 가득한 이 세상에서
　　시인들이 그들처럼 적은 수고로
식량을 찾아낼 수만 있다면,
　　하루에도 스무 번씩이나
　　스치는 빛들에 저의 색깔을 바꾸는
변덕스런 카멜레온처럼
　　시인들은 항상 변할 것인가?

시인들은 이 냉기어린 땅 위에 있다.
　　마치 카멜리온처럼
해저의 동굴 속에
　　태어났을 때부터 몸을 가리고
빛이 있는 데서, 카멜레온은 변한다.
　　사랑이 없는 곳에서 — 시인들은 변한다.
　　명성은 인간이 꾸며낸 것 : 만일 뉘라도
사랑과 명성을 찾지 못하거든, 행여 이상히 여기지 말라,
　　시인들도 변하는 것을.

허나 시인의 자유롭고 고귀한 정신을
      돈과 권세로 오염시키지 말리니
빛과 바람을 제외한 무슨 음식이든
      밝은 카멜레온이 먹어 치워도
그들은 그의 족속 도마뱀처럼
      장래엔 통속적으로 자라나리라.
      더 환한 볕의 자손들이여
달의 뒤안에서 온 영혼들이여,
      아, 크나큰 은혜를 거부하라.

하늘에 대한 송가

영혼들의 합창

구름 없는 밤의 궁전 같은 지붕
황금빛들의 천국
　　헤아릴 수 없이 심대한
　　　지금이나 그 이전이나 그러했고,
　　현재와 과거의
　　　영원한 곳과 때의
　　　　현존의 방, 사원, 가정,
　　　　앞으로 올 행위와 시대의
　　　　언제나 담집으로 덮은 돔 !

영광스런 형상들은 그대 속에서 생명을 보유한다 —
땅과 땅의 모든 친구들
　　무리지어 모여드는 살아 있는 구체들
　　그대의 깊은 틈새와 황무지
　　그리고 미끄러져 가는 녹색 세상들.
　　　그리고 번쩍이는 삼단 같은 머리의 날쌘 별들
　　　그리고 가장 차고 빛나는 얼음 같은 달들
　　　그리고 밤 뒤안의 강력한 태양들

강렬한 빛의 원자들 !

하여 그대 이름은 신과도 같다
하늘이여 ! 그대는 머물 곳이기에
인간이 그의 본성을 주시하는
거울이라는 힘인 것이 ―
세기들이 스쳐가는 동안
무릎을 꿇고 그대를 숭배한다 ―
그들의 머무르지 않는 신과 그들은
강물과 같이 굴러간다 ―
그대는 그렇게 머문다 ―항상 ―

더 먼 곳의 목소리

그대는 단지 마음의 첫번째 방이다.
그대 주변에 유치한 환상들이 날아든다.
종류석에 반사된 동굴 안의
나약한 곤충들처럼.

그러나 새로운 기쁨들의
세계가 그대의 최상의 영광을
꿈의 그림자로부터
단지 하나의 희미하고 대낮 같은 빛처럼
보이게 만든 무덤의 입구일 뿐.

좀더 크고 더욱더 먼곳의 목소리

조용하라! 심연은 조롱으로 가득 차 있으니
원자의 탄생인 그대의 주제넘음을!
하늘이란 무엇인가? 그대들은 누구인가?
하늘의 짧고 광대한 공간을 물려받은
그대들이 단지 일부분에 불과한
그 정신의 본능으로
달아나는 해들과 천체들은 무엇인가?
자연의 힘찬 심장이
가장 엷은 혈관으로 박동하는 핏방울인가?
떠나라!

하늘은 무엇인가? 이슬의 한 구면체로
새벽에 여럿 눈을 가진 꽃을 깨우고
　　그 꽃의 어린 잎들은
　　미지의 세계 위에서 깨어난다.
　　무리지어 빛나는 태양이 움직이지 않고
　　그 궤도를 헤일 수 없이 맑아 걷는다.
　　　그곳에 모인 수많은 태양과 함께
　　　그 나약한 소멸하는 천체 속에서
　　　떨고 빛나고, 또한 사라지고자! ——

단편 : 고통 속에 오가는 상념들

나의 상념들은 일어나 고독 속에서 스러지고
　　태양이 나래를 펴는 하늘에서 달빛이 그러하듯이
　　상념을 먹고 사는 시행은 녹아 없어지네·
잘 연마된 진주처럼 성좌 찬란한 하늘을 수놓으며
상념은 얼마나 아름다웠고, 얼마나 굳건히 서 있었더냐 !

단편 : 감옥에서 풀려난 친구에게

친구여, 비록 내 희미한 눈에서 눈물이 전율하지 않고
    나의 가슴이 기쁨이 고통을 닮도록
맥박이 빠르게 뛰지 않는다 해도,
    허위가 대경실색하여 입 벌리게 하는 그대 음성에서
    나 그대에게 감사하오 — 압제자로 하여금
    족쇄의 눈물 지니게 하고, 그로 하여금
    장에서 얻는 새 기운처럼, 감옥에서
    새롭게 일어난 그대를 보고 분통 터져 통곡케 하오.
그는 인간을 구속하는 족쇄를 그대 영혼이 먹고 살아야 하는
그 감옥 속에 그대를 묶어 놓을 수 있기를 헛되이 바랐었다고.

단편 : 감옥에서 풀려난 친구에게

등불이 부서지면

1

등불이 부서지면
불꺼져 땅바닥에 떨어지고 —
구름이 쪼개지면
무지개의 빛냘도 사라진다
비파 갈라지면
감미로운 선율도 뇌리에서 멀어지고
입술이 말하고 난 뒤에는
그리운 말도 이내 잊혀진다.

2

등불과 비파 부서진 뒤
찬란한 빛과 음악이 남지 않듯
마음이 울적하여 침묵을 지키면
가슴의 울림도 노래를 낳지 않고
노래도 아닌 슬픈 만가를 낳을 뿐,
폐가를 스치는 바람처럼.
아니면 죽은 선원의
조종을 울리는 애통한 파도처럼.

3

한번 두 연인이 합쳐 하나로 되면
그 잘 꾸민 보금자리에서 먼저 사랑은 떠나고
버림받아 마음 약한 이 외로이 남아
상실한 사랑의 고뇌를 반추한다.
아 사랑아! 세상 만사의 무상을
슬퍼하는 그대가 하필
인간의 마음이라는 가장 변하기 쉬운 것을 골라
네 요람과 네 집과 네 관대(棺臺)로 삼는가?

4

버림을 받은 이의 정열은 너를 전율케 하리라
광풍이 천공에서 갈까마귀 흔들 듯,
밝은 이성은 너를 경멸하리라
겨울 하늘에 나타난 햇살처럼.
네 둥지에서 서까래 모두 없어지리.
그리고 낙엽지고 찬바람 불면
너의 높은 둥지도
너 알몸 들어내 조소를 받으리라.

나폴리 근처에서 낙심 속에 쓴 시련

1

태양은 따뜻하고 하늘은 맑고
        파도는 반짝이며 날쌘 춤을 춘다.
푸른 섬들과 백설의 산들은
        보랏빛 정오의 투명한 대기 속에 감싸이고
아직 피지 않은 꽃봉오리 주위에는
        습기 찬 대지의 숨결이 싱그럽다.
한 기쁨을 전하는 수많은 소리들처럼
        바람, 새, 바다의 조수처럼
    도시의 목소리도 고독의 음성처럼 부드럽다.

2

밟히지 않은 심해의 저변에
        초록과 보라색의 해초가 깔려 있고
별들 속에서 녹아버린 유성의 광선처럼
        파도는 해안에서 부서진다.
        나는 모래사장에 외로이 앉아 있다.
정오의 태양의 번개는
        내 주위에서 번쩍이고 한 음조가
대양의 규칙적인 파도에서 일어난다.

이 감미로움! 누가 지금 이 감동을 나눌 수 있다면!

3
아! 내겐 희망도 건강도
　　마음의 평화도, 주위의 고요도 없어라.
철인이 명상 속에서 발견하였고,
　　내면적 영광으로 왕자처럼 걸었던,
　　부를 능가하는 만족도,
명예도, 권세도, 사랑도, 여가도 없어라.
　　이들에 에워싸인 다른 것들을 안다 ―
그들은 웃으며 살고 인생이 즐겁다 하네.
　　내 운명의 잔은 그렇지 못한 것을.

4
그러나 오늘의 풍랑이 고요하듯
　　이제 절망도 온화하여
지친 아이마냥 누워
　　내 짊어져 왔고 또 가야 할 삶의 고통을
　　울며 보낼 수 있으리라.
죽음이 잠이 오든 살며시 다가와 내 뺨이

따뜻한 대기 속에서 싸늘해지고
또한 바다가 죽어 가는 내 머리 위로 단조롭게
　　마지막 속삭임을 들려주게 될 그날까지.

　　　5
내가 죽어 누가 슬퍼할지도 모르지.
　　마치 내가, 달콤한 오늘이 가버렸을 때.
너무 빨리 늙은 내 외로운 가슴이
　　이 때맞지 않는 신음을 내어 모욕을 주듯이.
그들은 슬퍼하지 몰라 ― 나를 사랑하진 않았어도 ―
　　그래도 애석해 할지 모르지.
그러나 나와는 달리 오늘은, 태양이 사람들을 기쁘게 한 후
　　티없는 영광 속에 저물어 갈 때도
기억에 남은 환희처럼, 길이 남으리.

달에게

1

그대 창백한 것은
하늘에 올라 땅을 내려다보며
출신이 다른 별들 속에 섞여 ―
벗도 없이 떠돌며
변함 없이 비쳐줄 대상을 찾지 못하는
기쁨 없는 눈처럼 항상 변하는 것에 지쳐서일까?

2

그대 내 영혼이 택한 누이여
그대를 바라보며 나 그대 때문에 만상의 비애를 느낀다…

오지먼디어스

나는 고대의 한 나라를 다녀온 여행자를 만났다네.
그는 말했지 ; 돌로 된 두 개의 거대한 다리가
사막에 서 있고 … 그 근처, 모래 위에
반쯤 묻혀, 깨진 얼굴 조각이 있고 그 찌푸린 표정,
일그러진 입술, 냉혹한 지배자의 냉소는
조각가가 이러한 격정을 잘 간파했음을 말해 준다고.
그 격정을 흉내내며 비웃었을 손과
그 격정을 불태웠던 지배자의 가슴은 사라졌으나
그 격정만은 이 생명 없는 석상에 박혀 오래
남아 있다고.
그리고 이 조각물의 대좌에는 이렇게 새겨졌다고.
" 내 이름은 오지먼디어스, 왕 중의 왕!
나의 업적을 보라, 강대한 자들아, 절망하라 ! "
주변에 그 뿐
남아 있는 것이 없고
분해되고 황폐되어 가는
저 거대한 폐허 주위에는
끝없이 허허로이 오직 텅빈 사막만이
멀리 전개되고 있을 뿐이라고.

탄식

1

오 세상이여! 오 인생이여! 오 세월이여!
그대 마지막 층계에 기어올라
    전에 서 있던 곳을 보니 마음이 떨리도다.
그대 청춘의 영광 언제 다시 오랴?
    다시는. ─오 다시는 오지 않으리!

2

낮과 밤으로부터
기쁨은 날아가 버렸고
    생기 찬 봄, 그리고 여름, 그리고 서리 낀 겨울
내 가냘픈 가슴을 슬프게 하지만, 기쁘게 하지는
    다시 않으리 ─오 한사코 다시는 못하리!

밤에게

　　　1

서쪽 바다 위를 날쌔게 걸어오라
　　　밤의 정령이여!
어스름한 동쪽 동굴에서 나와,
그 동굴에서 긴긴 낮동안 외로이
그대는 환희와 공포의 꿈들을 엮는다,
그대를 무서움과 그리움에 빠지게 하는 꿈을.
　　　너의 질주는 날쌔도다!

　　　2

별들로 수놓은 회색 망토로
　　　너의 몸을 휘감아라!
그대 머릿결로 한낮의 눈을 멀게 하고
지치도록 그것에 키스를!
그리곤 도시와 바다와 육지 위를 유랑하라,
그대 최면의 지팡이를 만물에 터치하며 —
　　　오라, 오래 갈망했던 것이여!

3

나 일어나 여명을 보았을 때
      그대 그리워 한숨지었네.
빛이 중천에 솟고 이슬이 사라진 후
정오가 꽃과 나무 위에 육중히 드리우고
기다리지 않는 손님인 양
      지친 태양이 쉼터로 갈 때
      나 그대 보고파 한숨지었네.

4

그대 형제인 죽음이 와 소리쳐 물었네,
      " 그대 나를 원해? "
그대 사랑스런 자식인 잠은 몽롱한 눈으로
정오의 벌처럼 중얼거렸네
" 그대 옆에 기대어 누워 볼까?" ― 그래 난 응답했네,
      " 아니, 그대는 필요 없어 ! "

5
그대 죽으면 죽음이 찾아오리
      재빨리, 너무도 빨리 —
그대 떠나고 나면 다시 잠이 찾아오리
이들에게는 그대에게 바쳤던 청을
드리지 않으리, 사랑하는 밤이여 —
그대 질주하는 걸음 날쌔어라
      빨리 오라, 빨리 !

내일

사랑스런 내일이여! 그대 어디 있느뇨?
　　젊을 때나 늙을 때나, 강할 때나 약할 때나,
풍요하거나 가난할 때나, 기쁠 때나 슬플 때나,
　　우린 항상 그대 아름다운 미소를 바라노라 ―
오 슬퍼라 ― 그대의 자리에서
우리는 우리가 도망쳐 온 것을 발견하도다 ― 오늘을.

종달새에게

1

반가워라, 너 명랑한 정령이여!
　　너는 결코 새는 아니었으리라
하늘과 그 주변에서
　　가슴 넘쳐흐르는 즉흥적인 감정을
타고난 솜씨의 노랫가락으로 쏟아내는 너는.

2

지상에서 더 높이 한층 더 높이
　　너는 솟아 오르는구나,
지는 태양의 광선을 받은 한 무리의 불구름인 양
　　푸른 창공을 날아오르는도다.
항상 노래하며 솟구치고 항상 솟구치며 노래하네.

3

지는 태양의
　　금빛 찬란한 노을 속에서
구름은 반짝이는데
　　너는 높이 떠서 달리는구나,
막 내달리기 시작한 영혼의 기쁨처럼.

4

질주하는 너의 주위에선
     연보랏빛 저녁이 녹아 내리고
대낮에 나타난
     하늘의 별과 같이
보이지는 않지만 날카로운 환희의 비명이 들려오네.

5

그 환희는 새벽별 금성이
     내비치는 화살처럼 날카로워라.
하지만 은빛 금성의 강렬했던 등불도
     동트는 맑은 새벽에 힘을 잃으니
마침내 보이지 않으나 ─ 단 그곳에 있음을 느끼지.

6

온 대지와 창공에
     네 목소리 울려 퍼지네.
마치 밤 하늘은 밝은데
     외로운 구름 한 점으로부터
달빛 쏟아져 하늘에 넘쳐흐르듯

7

너 어떤 것인지 우린 모른다.
　　무엇이 너와 가장 닮았을까?
무지개 구름에서도
　　너에게서 발산하는 아름다운 멜로디의 비처럼
보기에 그리도 찬연한 빗방울은 뿌려지지 않으리.

8

그대는 흡사 빛나는 상념의 빛 속에
　　숨어 있는 시인과도 같이
아무 간섭이 없이 스스로 노래하여
　　마침내 온 세상 사람들이 느끼지 못했던
희망과 공포를 공감하게 하네.

9

또 너는 마치 궁전의 높은 탑 속에서 태어난
　　고귀한 공주와도 같이
은밀한 시간에
　　온 방을 넘쳐흐르는 달콤한 가락으로
사랑으로 고뇌하는 마음을 달래 주네.

10

또 너는 마치 이슬 맺힌 골짜기의
　　금빛 찬란한 개똥벌레와도 같이
가볍고 영묘한 빛깔을 뿌려 주네
　　어린 개똥벌레를 가려 주는 꽃과 풀 사이의
보이지 않는 곳에서.

11

너는 마치 자신의 푸른 잎사귀에
　　둘러싸인 장미꽃과도 같이
훈풍에 향내음을 빼앗겨
　　드디어 그것은 너무나 달콤한 향내로
날개 무거워진 저 도적들을 기절시키네.

12

젖어서 반짝이는 풀,
　　비에 잠을 깬 꽃들,
이들 위에 나리는 싱싱한 봄비 소리
　　즐겁고 맑고 생생했던 모든 것들도
네 아름다운 음악을 따르지 못하누나.

13

우리에게 가르쳐 다오, 정령인지 새인지 그대여 !
    너의 감미로운 상념이 어떤 것인지를
그리도 신성한 황홀을 숨차게 토해 낸
    사랑이나 포도주의 예찬도
이제껏 들어보지 못했네.

14

결혼 축하의 합창
    혹은 개선의 노래도
너의 노래에 비하면
    어딘지 모르게 비어 있는
공허한 허풍일 뿐이리라.

15

네 행복한 가락의 원천은
    어떤 것들인가?
어느 들판, 어느 파도, 어느 산들일까?
    어떤 모양의 하늘일까, 들판일까?
네 사랑은 어떤 종류일까? 고통을 모르는 어떤 것일까?

16
너의 맑고 예리한 기쁨에는
    권태란 있을 수 없네.
괴로움의 그림자도 너의 근처엔
    얼씬도 할 수 없는 것을.
넌 사랑하네 — 그러나 사랑의 슬픈 권태는 결코 모르면서.

17
자나 깨나 너는 생각하리라
    죽음에 대하여 분명히
우리들 인간이 상상하는 것보다
    더욱 진실하고 심오한 것을
아니라면 네 가락이 어찌 청정한 시내로 흘러나오랴?

18
우리는 앞뒤를 바라보며
    없는 것을 그리워하는 법
우리의 가장 진실한 웃음에도
    어떤 괴로움은 차 있고
가장 감미로운 노래는 가장 슬픈 생각을 전해 주네.

19

그러나 미움과 자존심과 공포를
    만약 우리가 비웃을 수 있다면,
우리가 만일 숙명적으로
    눈물 한 방울 안 흘리는 존재라면
우리가 어찌 네 기쁨의 근처에나 갈 수 있으랴.

20

기쁨에 찬 모든 소리의 모든
    음악보다
책에서 발견되는
    모든 보물들보다도
시인에게는 네 솜씨가 더 나으리라, 너 땅을 조롱하는
자여!

21

그대의 두뇌가 알고 있는 기쁨의
    반만이라도 내게 알려 주렴.
그러면 네 조화의 광기인 영감이
    나의 입술에서 새어나올 것을.

그러면 세상은 들으리니 ─지금 내가 그대 소리를 듣고 있듯이.

소네트: "채색된 장막은 걷어 내지 말라"

살아가는 사람들이 삶이라 칭하는 채색된 장막은 걷지 말라.
설령 그곳에 허구의 형상들이 그려졌을지언정,
그리고 분산된 색채들로 우리가 믿으려 하는 모든 것을
삶이 단지 흉내만 낸다 하여도 — 그 뒤엔 쌍둥이 운명의
여신인 불안과 운명이 숨어 항상 보이지 않고 음울하게
간극 위에 그림자들을 엮어 내고 있으니.
나는 채색된 장막을 걷어 버린 이를 알고 있었다 — 그는 구했다.
그의 잃어버린 가슴이 예민했기에, 사랑할 대상을
찾아내지 못했다, 오호! 아무것도 없었다.
이 세상에 그가 인정할 수 있었던 것은 하나도 없었다.
타인에게 무관심한 대중 사이로 그는 움직였다.
그림자들 중 하나의 광휘를, 이 우울한 정경 위에서
빛나는 한 점, 진리를 추구하는 한 정령을 찾아서
그러나 대셩교자처럼 진리를 찾지 못했네.

음악은 부드러운 음성이 사라져도

음악은 부드러운 음성이 사라져도
추억 속에서 메아리치고 ―
향기는 감미로운 오랑캐꽃이 져도
그것이 자극한 감각 속에 살아 남지요.
장미꽃이 져도
그 꽃잎이 쌓여 연인의 침상이 되요.
그리하여 당신이 가버린 뒤엔
사랑도 당신의 생각 위에서 잠들 거에요.

세상의 방랑자들

1

나에게 말하라, 그대 별이여, 그대 빛나는 날개는
그대의 불 같은 날개짓에 속도를 더하는데
밤의 동굴 안에서
　　　　이제 그대의 깃털을 접겠는지를.

2

나에게 말하라, 달이여, 하늘의 집없는 길을 가는
그대 창백하고 우울한 순례자여,
밤이나 낮의 심연 속에서
　　　　이제 그대는 휴식을 구하려는지를.

3

지친 바람이여, 세상이 내쫓은 손님처럼
방랑하는 이여,
　　　　그대 아직 비밀의 어떤 둥지가 있는지?
　　　　나무나 혹은 버드나무 위에?

시간

헤일 수 없는 바다! 그대의 파도는 세월.
　　시간의 대양이여! 그대 깊은 고뇌의 해수는
인간 눈물의 염분으로 짭짤해졌구나!
　　그대 해안 없는 해양이여, 그대 밀물과 썰물 사이에
죽음이라는 운명의 한계를 부여안고,
　　노획물에 싫증을 느끼면서도, 더 많은 것을 달라 외치며,
을씨년스런 해안에 그대 표류물들을 토하는구나!
　　고요 속의 괴팍, 폭풍의 속의 끔찍한
　　　　아무도 헤아릴 수 없는 바다,
　　　　그대에게로 나아갈까?

(1821)

단편 : 바이런에게

오 위대한 정신이여, 당신의 심오한 해류 속에서 이 시대는
조심스럽지 않은 폭풍우 속에서의 갈대처럼 부들부들 떠니
왜 당신은 당신의 성스런 분노를 억누르지 않는가?

제2부

오늘 미소짓는 꽃은

님께 - 한 단어가 너무 남용되어서

1

한 단어가 너무 자주 남용되어서
    내가 그것을 더 남용할 수도 없어요.
한 감정이 너무 잘못 명시되어서
    당신이 그것을 더 명시할 수 없어요.
한 희망이 너무 절망과 같아서
    분별로 더 이상 억제할 수 없어요.
그리고 당신에게서 받는 동정은
    다른 이에게서 받는 것보다 소중합니다.

2

타인들이 사랑이라 하는 것을 드릴 수 없어요.
    그러나 받아들이지 않으시렵니까?
마음이 우러러 받들고
    하늘도 내치지 않는 흠모의 정을,
별에 대한 나방의 희망과
    아침을 찾는 밤의 욕망을,
우리들 슬픔의 세계에서는 아득한
    그 무엇에 대한 헌신을?

인도 아가씨의 노래

1

나는 한 밤의 달콤한 첫 잠에서
당신을 꿈꾸다 깨어나지요.
바람은 나지막이 숨쉬고
별들은 밝게 반짝일 때
나는 당신의 꿈에서 깨어나고
그리고 내 발의 한 정령에
인도되어 ― 그가 어떻게 했는지 모르나
당신 창가로 왔어요, 님이여!

2

떠도는 바람은 살랑이며 사라져요.
어둡고 고요한 강물 위로 ―
황목련의 향기도 사라져
마치 꿈 속의 달콤한 생각들처럼.
나이팅게일의 읊조림도
그녀의 가슴에서 죽고 ―
마치 내가 그래야만 하듯이.
오 그처럼 당신이 그리운 겈요!

3

오 나를 풀밭에서 일으켜 줘요!
나 죽어요! 나 실신해요! 나 쓰러져요!
당신의 사랑을 소나기 같은 키스로
나의 입술과 창백한 눈에 퍼부어 주세요!
나의 뺨은 차고 창백해요, 아아!
나의 가슴은 쿵쿵대며 빨리 뛰어요 —
오 내 가슴을 다시 한 번 껴안아 주오.
마침내 그곳에서 터질 거예요.

—에게 : 정열의 황홀감이 지난 뒤

정열의 황홀감이 지난 뒤
상냥함과 진실함이 이어지거나
살아 남을 수 있다면
모든 사나운 감정들이, 어둡고 깊은
인간의 어떤 잠을 제어할 동안에—
나는 울지 않으리
나는 울지 않으리 !

상냥하게 바라보는
그대의 부드러운 시선을
느끼고 보는 것으로도 만족하리
그 나머지는 꿈속으로 돌리고
그리고 보이지 않는 불길의
비밀스런 음식을 태우고
또 음식이 되리라.
만일 그대가
옛날의 그대처럼 되어 주기만
한다면 !

세월이라는 잠을 잔 후

-에게 : 정열의 황홀감이 지난 뒤

삼림지대 오랑캐꽃 다시 피어나고
숲 속이나 들녘에서 만물이 소생하리.
그리고 하늘과 바다도
그러나 두 가지
움직이고 형성하는 모든 다른 것
삶과 사랑은.

* 아내와의 불화를 암시.

사랑의 원리

1

시냇물은 강물과 함께 합쳐지고
강물은 바다와 합쳐지고
천상에서 부는 바람은
감미로운 마음과 섞인다.
세상 속에서 홀로인 것은 없고
모든 것은 천리에 따라
서로들 하나로 합치기 마련인데
너와 난들 왜 못 합치리?

사랑의 원리

2

산들이 높은 하늘과 입맞추고
　　파도들이 서로 포옹하는 것을 보라.
어떤 누이꽃도 용서 않으리
　　만일 오빠꽃을 버린다면.
햇빛은 대지를 포옹하고
　　달빛은 바다와 입맞추는데 ―
이 모든 접촉이 무슨 소용이 있으랴 ?
　　너와 나의 입맞춤이 없으면.

노래 : 좀처럼, 좀처럼, 오지 않는 그대

1

좀처럼, 좀처럼, 오지 않는 그대
　　기쁨의 정령이여!
그 수많은 낱과 밤을
　　어어하여 그대 나를 버려 두오?
그대 멀리 달아난 뒤
피곤한 낱과 밤이 많이도 지났다네.

2

나 같은 사람이 어떻게
　　그대를 다시 돌아오게 할 수 있을까?
명랑하고 자유로운 자들과 노닐며
　　그대는 고통을 조롱하리니.
거짓 정령이여! 그대 잊었네,
그대를 필요로 하는 모든 사람들을.

3

나뭇잎의 떨리는 그림자에게

두려워하는 도마뱀인 양
그대 슬픔을 무서워하누나.
　　고뇌의 한숨마저
그대를 꾸짖네, 그대 가까이 없음을.
또한 나무라네, 그대 귀 기울이지 않음을.

　　　4
그대의 즐거운 곡조에
　　내 슬픔에 찬 노래를 맞추게 해주게.
그대는 즐거움을 위해 올 뿐
　　연민의 정을 위해 오지는 않으리.
그러면 연민의 정은 그 잔인한 날개를 자를 것이고,
그럼으로 그대는 머물 것을.

　　　5
나 그대 사랑하는 모든 것을 사랑해,
　　기쁨의 정령이여!
신록으로 단장한 싱싱한 대지를,

별이 총총한 밤을,
가을 저녁을, 그리고 황금빛 안개
피어나는 아침을.

6

나는 백설을 사랑하네, 또한 찬란한 서리 덮힌
　　모든 형상도.
나는 파도를, 바람을, 또 폭풍우를 사랑하네·
　　또한 자연이 보유한 거의 모든 것들을.
그리고 인간의 불행으로 오염되지 않은
모든 것을 사랑한다네.

7

나는 고요한 고독을 사랑하네.
　　또 조용하고, 현명하며, 착한
그런 이들의 모임을 나는 사랑하네.
　　그대와 나 사이에
무슨 차이가 ?　그러나 그대는 소유한다네·

그대만큼 사랑하기에 내가 추구하는 것들을.

8

나는 신을 사랑하네 ― 비록 그가 날개가 있어
    빛과 같이 빨리 도망친다 해도.
그러나 다른 모든 것들보다
    정령이여 ! 나 그대를 사랑해 ―
그대는 사랑이며 인생이라 ! 오 오라,
다시 한 번 나의 가슴에 그대의 집을 짓기를 !

제인에게 : 초대

이 아름다운 태양보다 훨씬 더 아름다운
가장 착하고 빛나는 그대여! 이리로 와요!
이 태양은 덤불 위 요람에서 막 깨어난
이 괴로운 세월에게 다가와,
슬픔에 잠긴 이들에게 그대가 하듯,
상냥한 아침 인사를 한다오.
태어나지 않은 봄의 가장 찬란한 시간이
겨울 내내 방황하다가
서리 낀 2월의 자식으로 태어난
화창한 아침을 얻은 듯하오.
그것은 창공의 즐거움에 젖어
하늘에서 허리 숙여
대지의 이마에 입맞추고,
조용한 바다에 미소지으며,
얼어붙은 시냇물을 해방하고,
샘들이 음악에 맞춰 깨어나게 하고
얼어붙은 산에 바람을 불고
5월의 예언의 여신과도 같이
풀 한 포기 없는 길 위에 꽃을 뿌리니
그대가 미소를 보내는 사람과도 같이

겨울의 세상을 사랑스럽게 만든다오.

떠나요, 떠나요, 인간과 도시로부터.
천연의 숲과 언덕이 있는 곳으로 —
고요한 황야로
그곳에선 영혼이 다른 이의 마음 속에서
메아리를 찾을 수 없을까 두려워
음악을 억제하지 않아도 된다오.
한편 자연의 솜씨 있는 손길은
가슴과 가슴을 조화시켜 준다오.
나를 자주 찾는 내방객을 위해
내 문에 이렇게 적어 놓으리다:
" 이 감미로운 시간이 주는 것을
얻기 위해 들로 나간다오 —
명상이여, 그대는 내일 다시 슬픔과 함께
난로가에 와서 앉지 않으려가 —
지불하지 않은 청구서를 가져온 그대 절망이여 —
지루한 시를 암송하는 그대 근심이여 —
내 무덤 속에서나 돈을 받기를 —
그대들의 시구는 죽음이나 들어 주리라

기대 역시, 사라져라 !
오늘은 그 자체로 충분하니라.
희망이여, 연민 때문에 미소 머금고
고뇌 비웃지 말고, 내 가는 곳
오랜 세월 그대의 달콤한 음식을 먹고 살다가
드디어 긴 고통 끝에 한 때의 행복을
찾았으니 ― 그대 날 사랑한다 해도
그대 나에게 이런 말 해준 적이 없다오."

찬란한 태양의 누이여,
잠을 깨어, 일어나오 ! 그리고 떠나시구려 !
천연의 숲과 들판과 연못으로
그곳은 잎사귀들이 지붕인 양 연못 위에 드리웠고
겨울내 고인 빗물이 그것을 생생히 비추지요
그곳은 소나무가 물기 없는 잎사귀와
회갈색 담쟁이 덩굴로 화환을 엮어
태양 한 번 못 본 제 줄기에 감고 있다오.
그곳엔 잔디밭과 목초지
그리고 해변의 모래언덕이 있다오 ―
그곳에선 녹아 내리는 흰 서리가

결코 지지 않는 별 모양의 데이지꽃을 적신다오.
또한 아직은 **향기**와 빛깔이 합쳐지지 않은
아네모네꽃과 오랑캐꽃은
어리고 새로운 이 창백한 해(年)를 장식해 준다오.
지금 광막한 동녘에 밤은
아직도 어둑히 처져 남아 있다오.
푸른 대낮이 우리 머리 위에 있고
대지와 대양이 접하며
만고의 태양빛 속에서
만물이 하나처럼 보이는
우리의 발 아래에선
수많은 파도들이 술렁이고 있다오.

＊제인은 셸리 부부와 친했던 미모와 정숙의 상징.

제인에게 : 회상

1822년 2월 2일

1

그대처럼 너무도 아름답고도 빛나는
　　많은 나날 중의 가장 사랑스러운
　　　　마지막 날이 이제 가버렸다오.
회상이여, 일어나 그 날의 찬가를 쓰시오!
　　일어나 ― 그대 늘 하던 일에 착수하라! 어서 와서
　　　　사라진 영광의 묘비명을 쓰라 ―
이제 대지는 그 얼굴을 바꾸고
　　하늘의 이마에는 찡그린 표정이 있으니.

2

우리는 태양의 포말이 접해 있는
　　소나무 숲을 막연히 거닐었소.
미풍도 제 둥지에서 휴식하고
　　폭풍도 제 집에 잊었소.
속삭이는 파도는 반쯤 잠들었으며
　　구름도 외출을 하고
태양의 한복판에는
　　하늘의 미소가 비쳐지고 있소.

그 시간은 마치 햇빛으로부터
    하늘 높은 곳으로부터
천국의 빛을
    뿌리는 때처럼 느껴졌다오.

    3
황야의 거인들처럼 우뚝 선
    소나무 사이에서 우린 발길을 멈췄다오.
모진 바람에 시달린 소나무들은
    서로 엉켜붙은 뱀들처럼 울퉁불퉁한 모양을 이루었고
하늘 아래서 부는
    온갖 상쾌한 숨결에 위로받는 중에
그 숨결처럼 부드러운
    화음과 색조가 어울려졌다오.
이제 모든 소나무 꼭대기들은
    고요한 해저 속의
숲만큼이나 조용하게
    해상의 청록의 파도와도 같이 잠들었다오.

4
얼마나 평온했던가 ― 그곳의 고요함은
　　분주한 딱따구리마저도
그녀의 소리로 인해
　　그 침범 못할 고요를 더욱 고요하게 하는
침묵의 족쇄에 묶여 있었다오.
　　우리가 내쉬는 부드러운 숨결도
그 평화로운 움직임으로 주위에서
　　더해가는 고요함에 해를 미치지 않았소.
황량하게 눈 쌓인 산의
　　가장 먼 곳에서부터
우리 발 밑의 가냘픈 화초에 이르기까지
　　마법의 원이 그어지고
주위에 영기 스며들어
　　감동적인 고요한 삶을 이룬 것같았소.
그것은 인간 내면의 원초적 갈등을
　　순간의 평화에 묶어 놓았었지요.
그리고 나는 아직 느낀다오.
　　그곳 마법의 원의 중심은
생명 없는 주변 분위기를

사랑으로 충워하는 한 미의 형상이 있음을.

5

나무 숲 가지 아래의
　　연못 가에서 우리는 멈추었지요.
연못엔 저마다
　　지상의 세계로 낙하한 작은 하늘이 ―
그것은 대지가 암흑 속에서
　　대낮보다 순수하고
밤의 심연보다 무한하며
　　누워 있는 보랏빛의 하늘 ―이었소.
그 속엔 창공에서와 같이
　　창공에서 두 팔 벌린 어느 가지보다
형상과 색깔에서 가일층 완벽한
　　아름다운 숲이 자리하고 있었다오.
그곳엔 숲과 오솔길, 잔디밭도 있었고
　　검푸른 숲 사이로
아롱진 구름으로부터 빛나며 돋트는
　　아침 태양이 반짝이고 있었다오.

저 높은 세계에 있어
우리에게는 결코 잘 보이지 않는
감미로운 정경들이,
저 아름다운 숲을
    사랑하는 연못 속에 비치고 있던 거라오.
미풍마저 잠잠한 대기 속에서
    저 연못 아래서 온갖 만상이
엘시언의 행복감과 어울려
    지상의 더 부드러운
낯으로 무르익었다오.
    사랑에 빠진 이처럼 그 정경은
어두운 연못의 가슴에
    그 모든 잎사귀와 윤곽을
실제보다 더 선명히
    나타내 주었다오.
그러다 마침내 시기하는 어떤 바람이 스쳐왔지요.
    마치 마음의 충실한 눈으로부터
하나의 사랑스러운 용모를 지워 버리는 양,
    그대는 영원히 아름답고 친절하며
숲은 항상 푸르나

나 셸리의 내면의 안녕은
저 연못 속의 고요보다 보기 어렵다오.

기타와 함께 : 제인에게

에어리얼이 미란다*에게 말하기를
당신의 노예인 자를 위해
이 음악의 노예인 기타를 받으시고
당신이, 오직 당신만이
즐거운 정신을 불사를 수 있는 모든 음악을
그것에게 가르치세요. 그리하여
즐거움이 제 자신을 다시 윘치 않고
환락이 강렬하여 비애가 될 때까지.
당신의 사랑, 페르디난드 공**의
허락과 명령을 받고,
가련한 에어리얼이,
말로 다할 수 없는 것을 표현하는
이 무언의 증표를 보내옵니다.
당신의 수호신인 에어리얼은
생과 생을 전전하며 언제나
영웠히 당신의 행복을 추구해야 합니다.
그렇게 해야만
제 자신의 행복을 찾을 수 있기에 ─
위대한 시구들의*** 말씀대로

* 셰익스피어의 극 〈폭풍우〉에 나오는 인물.
** 제인의 남편 에드워드 윌리엄스.
*** 〈폭풍우〉 5막 1장 314~8행

프로스페로의 마술 걸린 감옥으로부터
나폴리의 옥좌에 이르기까지
에어리엘은 밤하늘을 흐르는 유성처럼
당신이 탄 뱃머리 앞을 날며
길없는 바다 위를
불을 밝혀 당신을 인도해 갔습니다.
그대 돌아가시면 말없는 달님이
사라졌다 새로이 탄생하는 동안
그의 집에서 슬픔에 잠겨 있었더라도
당신 없는 에어리엘의 슬픔만은 못하리오.
에어리엘은 당신이 이승에 환생하시면
탄생을 알리는 보이지 않는 운명의 별처럼
당신이 재생한 순간부터
인생의 바다 위로 당신을 인도합니다.
페르디난드 공과 당신이
사랑의 여정을 시작한 후
수많은 사연들이 잊어왔으나 에어리엘은
항상 당신을 쫓아 그 의지를 섬겨왔지요.
이제 더 겸허하고 행복된 운명 속에서
이제 당신은 모든 것을 망각하셨지요

그리고 이제 아! 이 가엾은 정령은
그 어떤* 잘못으로 무덤과 같은
육체 속에 갇혔습니다.
당신을 섬기며 슬퍼해야 할 신세이기에
그는 감히 당신에게 바란답니다.
오늘은 미소를 내읽은 노래를.

이 우상인** 기타를 만든 예술가는
몹시 아름다운 생각을 울리려고
나무 한 그루를 잘랐는데, 그때 숲은
바람 부는 아페닌 산맥 위의
저 성스런 휴식 속에서 흔들리며
겨울잠에 빠져 있었지요.
어떤 나무는 지난 가을을,
어떤 나무는 재빨리 오는 봄을,
어떤 나무는 4월의 꽃봉오리와 소나기를,
어떤 나무는 7월의 정자에서 읊는 노래를,
그리고 모두는 사랑을 꿈꾸었습니다. 그리고 이 나무는 —
우리의 죽음도 그럴 수 있다면!—

*〈폭풍우〉에선 에어리얼이 소나무에 갇혔으나 지금은 시인이 육체 속에 갇힘.
** 음악의 정신. 음악이 그 안에 있기에.

기타와 함께 : 제인에게

잠 중에 임종을 맞아 고통을 느끼지 못하고
더 행복한 자태로 환생했다오.
그 예술가는 하늘의 가장 아름다운 음성 아래서
그 나무로부터 이 사랑스런 기타를 빚어
당신의 언어처럼 상냥한 말씨로
능란하게 묻는 모든 이들에게
옳게 대답하는 법을 가르쳐
다정한 소리로 숲과 골짜기와
숲 속 정자를 스치는 여름 바람의
감미로운 계시를 속삭이게 했다오.
왜냐하면 기타는 들판과 하늘과 숲과 산,
그리고 수많은 소리 지닌 샘들의
모든 음악을 터득했던 것이오.
산들의 가장 맑은 메아리를,
낙하하는 시냇물의 제일 부드러운 음조를,
새와 벌들의 사운드를,
여름 바다의 물결 소리를,
토닥이는 빗소리와 숨쉬는 이슬의 음향을,
저녁의 바람 소리를 배웠다오.

* 사랑의 저녁 또는 샛별.

기타와 함께 : 제인에게

이 기타는 지구가 매일의 회전을 하려고 할 때
하늘의 무한한 광채 속을 내닫으며
가는 길을 재촉할 때 타오르는
거의 듣기 어려운 신비스런 소리도* 알았다오.
기타는 이 모든 것을 잘 알고 있으나
질문을 잘하지 못하는 이들에게는
그 안에 사는 정령의 이야기를 말하지 않으리.
기타는 연주자의 재능에 따라 말할 따름,
그를 부추겨 과거의 비밀을
탐문하려는 이들에게도
전에 느낀 것 외에는 말하지 않으리.
그러나 완전히 숙달된 손들을 위해
달콤한 즐거움을 선사할지언정
그 기타는 우리 사랑스런 제인만을 위해
가장 높고 거룩한 음조를 간직하리오.

* 천체의 음악
◎ 셸리는 제인에게 이 시와 함께 이태리제 기타를 선물함.

제인에게 : "총명한 별들이 반짝여요"

1

총명한 별들은 반짝이고
아름다운 달님은 별들 사이로 얼굴을 보여요.
사랑스런 제인!
기타줄은 딩동댕 울리오마는
그 곡조 그대 부르지 않으매 감미롭지 않아요*
다시.

2

달님의 부드러운 광채가
뿌옇고 차가운 하늘의 별빛 위에
흩뿌려지듯이,
가장 감미로운 당신의 음성은
영혼이 들어 있지 않은 기타줄에
영혼을 부여하오.

3

별들이 다시 깨어나리,
달님이 오늘밤
한 시간을 더 잠들어 있다 해도.

어떤 잎새도 흔들리지 않아요.
그대 노래의 이슬이 분사하는 동안에는
기쁨을.

4
소리를 감당하기 어려워도
다시 노래해 주오. 그대 사랑스런 목소리로
음악과 감정과 달빛이
하나로 되는
우리와는 아주 먼 어떤 세계의
한 가락을.

* 기타의 음조 자체에는 생명이 없음

메리 셸리에게

세상은 황량하고
메리, 당신이 없이 방황하는
나는 피곤해요
예전에는 있었소, 하나의 기쁨이.
그대의 음성에, 미소에.
메리, 이젠 사라졌소, 나도 이젠 가야 하므로.

오늘 미소짓는 꽃은

1

오늘 미소짓는 꽃은
　　　내일이면 지리.
우리가 머물기를 바라는 모두는
　　　충동질하다가 도망치리.
이 세상의 기쁨은 무엇이던가?
어둠을 조롱하는 섬광은
　　　반짝인다 해도 순간일 뿐.

2

미덕, 얼마나 연약한가 그것은!
　　　우정, 얼마나 희귀한가!
사랑, 보잘것없는 축복을
　　　자만에 찬 절망에 팔아 버리는가!
그러나 우린, 그들 모두 이내 사라진다 해도
그들이 주던 기쁨보다 오래 남으리, 또 우리가
　　　우리 것이라 칭하는 모든 것보다

3

하늘은 푸르고 빛나는 동안에
　　　꽃들이 명랑할 동안에
밤이 오기도 전 바뀌는 눈이
　　　낮을 즐겁게 만드는 동안에
아직도 고요한 시간이 낮은 포복을 할 동안에
그대는 꿈을!— 그리고 잠에서 깨어
　　　서글픈 울음을.

— 에게 : 난 그대 입맞춤이 두렵소, 상냥한 처녀여

1

상냥한 처녀여, 나는 그대 입맞춤이 두렵소.
    당신은 나의 입맞춤을 두려워할 필요 없어요.
나의 영혼은 너무 많은 괴로움으로 가득 차
    그대의 영혼을 감내할 수 없어요.

2

나는 당신의 자태, 당신의 음성, 당신의 몸짓이 두렵소.
    당신은 나를 두려워할 필요 없어요.
당신을 숭모하는 나의
    헌신적인 사랑은 티없이 순결하니까요.

셸리의 이해

셸리는 비록 짧은 생애(31세)를 살았지만, 이상과 현실의 괴리감으로 고민한, 그러나 끝까지 이상을 실현한 윤리적 시인이다.

일찍이 부인을 버리고 애정편력을 벌인 패륜아를 두고 윤리적 시인이라함이 온당할까마는 그가 정서적 미성숙기에 저지른 행위로 인해 몇 배의 대가를 치루었고, 그러한 체험이 인간이 처한 상황에 대한 광범위한 인식을 터득하고 이를 시로 승화시켜 나가는 요인이 되었다.

그는 플라톤의 이데아에 심취하고 윌리엄 고드윈의 저술을 매년 독파하며 그들의 이상과 사상에 지대한 영향을 받았다. 이상주의 사회 개혁가이자 철인이며 시인인 셸리는, 제국주의자며 보수주의자인 T. S. 엘리엇에 의해 혹평을 받고 희생양이 되었다. 이는 20세기 전반기 일종의 문학적 권력 투쟁에서 엘리엇이 승리하였음을 의미한다. 이렇듯 보수적 반동에 의해 매도당한 셸리는 신비평그룹의 세습적 문화권력에 의해 버려져 있다. 그러나 수많은 사람들이 그를 추앙하고 있는 것도 사실이다.

셸리 시의 본질은 사랑이다. 그는 무신론자였지만 그가 말하는 지고지순의 사랑은 인간제도에 오염되지 않은 예수 그리스도의 순수한 아가페적 사랑과도 통한다 볼 수 있다.

그를 흠모하는 많은 이들의 노력에도 아직 우주적 상상력을 잉태한 채 한 켠에 비켜 서 있다.

연보

1792 서섹스 주 필드 플레이스에서 출생 (8월 4일)

1802 런던 근교의 사이온 하우스 학교 입학.

1804 명문 공립학교 이튼 입학.

1808 사촌인 헤리엇 그로브와 편지 교재, 약혼.

1810 첫 괴기소설 〈자스트로찌〉 출간(4월). 여동생과 함께
      〈빅터와 카지어의 원시〉 출판(9월). 옥스포드 대학의
      유니버시티 칼리지 입학(10월). 파혼(겨울).

1811 〈무신론의 필연성〉을 출간(2월) 퇴교 당함.
      헤리엇 웨스트브룩과(16세) 전격 결혼(8월).

1812 아일랜드(2~4월), 웨일즈 방문(6월). 정치 논객인
      윌리엄 고드윈과 서신 교환(1월) 후 런던에서 만남(10월).

1813 다시 아일랜드 방문(3월). 런던으로 귀환(4월).
      첫 딸 아이안스 출생(6월). 사상적 스승 메리 고드윈 만남.

1814 〈아신론의 반박〉 출간. 헤리엇과 별거, 메리와 교제
      스위스 방문(7월). 헤리엇에게서 아들 찰스 출생(12월).

1815 조부 사망으로 1000 파운드 상속, 경제적 궁핍 벗어남.
      헤리엇에게 5분의 1 분배. 메리 첫 아이 2주 후 사망.

1816 메리에게서 아들 윌리엄 출생(1월). 메리와 스위스 행.
      바이런과 만남. 부인 헤리엇 루신 자살(11월)
      메리와 재혼(12월).

1817 키츠와 만남(2월). 말로우에 정착(3월). 헤리엇과의
      사이에 낳은 아이들 양육권 박탈(3월). 메리에게서
      클라라 출생(9월).
1818 영국을 영원히 떠나 이탈리아 각지를 여행함.
      바이런을 만나, 딸 알레그라를 아버지에게 돌려줌(8월).
      딸 클라라 사망(9월). 나폴리 정착(12월).
1819 메리가 낳은 윌리엄 사망(6월), 〈첸치 일가〉 등 많은
      창작. 아들 퍼시 플로렌스 출생(11월).
1820 피사로 이사(1월).〈자유송〉,〈종달새에게〉,〈나폴리 송가〉
      등 집필. 짧은 정치 풍자 〈독재자 스웰프트〉 완성.
1821 에드워드 존 트레러니 도착(1월). 제인 윌리엄스와
      에드워드 만남(1월). 〈시의 변호〉 완성 (1840년 출판).
1822 제인 윌리엄스에게 바치는 시를 쓰기 시작. 바이런 사망.
      윌리엄스 가족과 산 테렌조로 이사. 메리 유산.
      바이런이 선물한 요트로(5월), 레그혼에서 산 테렌조로
      갔다 오는 도중 태풍으로 익사(7월 8일). 레그혼 해안에서
      화장 후 로마 신교도 묘지에 안장.
1824 메리에 의해 〈셸리 유작시편〉 출간.
1833 친구 메드윈이 이탈리아에서 〈셸리 문집〉 출간.

시를 읽고 나서

서풍의 노래

1994년 1월 10일 초판인쇄
1994년 1월 15일 초판발행
1994년 6월 10일 재판발행
지은이/P.B.셸리
옮긴이/정광식
펴낸이/김영길
펴낸곳/도서출판 선영사
본사/부산시 중구 중앙동 4가 37-11
전화번호/(051)469-8857, 465-9616
서울사무소/마포구 동교동 205-17 동서빌딩 지하 1층
전화번호/(02)338-8231,
(02)338-8232
팩시밀리/(02)338-8233
등록 1983년 6월29일 제 카1-51호

판권 본사 소유
ⓒ Korea Sun-Young Publishing Co., 1994
잘못된 책은 바꾸어 드립니다.

ISBN 89-7558-831-9   024840

도서출판 선영사

Sun Young Publishing Co.